Stralsund

Stralsund

Ein Portrait – A Portrait – Un Portrait

Eckard Oberdörfer (Text)
Volker Schrader (Fotos)

Edition Temmen

Die Deutsche Bibliothek verzeichnet diese Publikation in
der Deutschen Nationalbibliografie; detaillierte bibliografische Daten sind
im Internet unter http://dnb.ddb.de abrufbar.

Bildnachweis:
Seite 36/37: Gemeindekirchenrat der Gemeinde St. Marien;
Seite 46: Kulturhistorisches Museum Stralsund;
Seite 48/49: Deutsches Meeresmuseum;
Seite 55: Stralsunder Brauerei

Alle übrigen Abbildungen Volker Schrader

Übersetzungen:
Hildegard und David Skevington (Englisch)
Isabelle Dumontier (Französisch)

1. Auflage 2005

Hohenlohestr. 21 – 28209 Bremen
Tel. 0421-34843-0 – Fax 0421-348094
info@edition-temmen.de – www.edition-temmen.de

Gesamtherstellung: Edition Temmen
ISBN 3-86108-940-8

Stralsund

Ein Portrait

Stralsund wurde wegen seiner beeindruckenden und in großer Zahl erhaltenen Bauten der Gotik, der Renaissance und des Barock von der UNESCO in das Weltkulturerbe aufgenommen. Kaum zu glauben, dass Stralsund 1, 2, 3, 4 gegründet wurde, wie Einheimische gern erzählen, denn am 31. Oktober 1234 verlieh Fürst Wizlaw I. von Rügen der Siedlung »Stralow« das lübische Recht. Sechs Jahre später wird der Name »Stralesund« erstmals in einer Urkunde erwähnt. Es war die erste Stadt des Fürstentums Rügen. Der Herrschaftsbereich Wizlaws I. erstreckte sich auch auf das Festland, bis vor die Tore des späteren Greifswald. Zu dieser Zeit wurde mit dem Bau der großen Kirchen begonnen, auch die Stadtmauer wurde gebaut. Wohlhabende Bürger errichteten erste Steinbauten. Die Siedlung wurde schnell erweitert, bereits im Jahre 1256 wird die Neustadt mit der Marienkirche erstmals erwähnt und noch vor 1300 folgte eine Stadterweiterung mit der Jakobikirche. Die sumpfigen Niederungen um die Stadtinsel wurden gestaut, dadurch entstanden die malerischen Teiche.

Nachdem die Linie der Rügenfürsten 1325 erloschen war, konnten sich die Pommernherzöge in den Erbfolgekriegen gegen die Mecklenburger durchsetzen. Prägend auf das Stadtbild wirkten jedoch nicht die pommerschen Greifen, sondern die Hanse, zu deren mächtigsten und reichsten Mitgliedern Stralsund zählte. Schon 1265 schloss Stralsund mit

A Portrait

Stralsund was added to the list of World Heritage Sites by UNESCO in recognition of the number of impressive buildings from the Gothic, Renaissance and Baroque periods which have been preserved. It is hard to believe that Stralsund was founded in the time that it takes to count 1, 2, 3, 4, as the local people like to tell you, because on 31 October 1234 Prince Wizlaw I of Rügen conferred the town charter in accordance with the Laws of Lübeck on the settlement then known as "Stralow". Six years later the name "Stralesund" is recorded for the first time. It was the first chartered town in the principality of Rügen. The territory over which Wizlaw I ruled extended onto the mainland as far as the gates of what later became known as Greifswald. At that time, construction of the big churches commenced and the town wall was built. Well-to-do residents erected the first houses to be made from stone. The settlement grew quickly. There was a first mention of the new town with its Marienkirche (Church of St. Mary) in 1256, and before 1300 further expansion followed, including the erection of the Jakobikirche (Church of St. James). The boggy ground around the town centre was dammed to create picturesque ponds.

When the lineage of the Princes of Rügen was extinguished in 1325, the Dukes of Pomerania were then able to assert themselves in the wars of succession over Mecklenburg. However, it was not the Pomeranian griffins which enhanced

Un Portrait

Stralsund fut intégré au patrimoine culturel mondial de l'UNESCO grâce à ses impressionnants édifices du gothique, de la Renaissance et du baroque conservés en grand nombre. Il est à peine croyable que Stralsund ait été fondé en 1,2,3,4 comme aiment le dire les gens du pays, car c'est le 31 octobre 1234 que le prince Wizlaw Ier de Rügen conféra à la colonie de « Stralow » ses droits municipaux. Six années plus tard le nom de « Stralesund » est pour la première fois mentionné dans un document. C'était la première ville de la principauté de Rügen. La Seigneurie de Wizlaw Ier s'étendait aussi sur le continent jusqu'aux portes de la future ville de Greifswald. A cette époque commença la construction des grandes églises, ainsi que du mur d'enceinte de la ville. Des bourgeois fortunés bâtirent les premières constructions en pierre. La cité s'agrandit rapidement, dès 1256 on mentionne pour la première fois la ville nouvelle avec l'église Notre Dame et avant 1300 la ville s'enrichit encore de l'église Saint Jacques. Les dépressions marécageuses qui entouraient cet îlot, furent endigués et ainsi se formèrent de pittoresques étangs.

Après l'extinction de la branche des princes de Rügen en 1325, les ducs de Poméranie réussirent à s'imposer dans les guerres de succession menées contre les Mecklembourgeois. Ce ne sont pourtant pas les « Griffons de Poméranie » qui ont laissé leur empreinte sur la physionomie de la ville, mais plutôt la Hanse, dont

Demmin, später auch mit Anklam, einen Vertrag zur gegenseitigen Unterstützung der Handelsinteressen. Das »wendische Quartier« mit Lübeck und Stralsund an der Spitze wurde Ende des 13. Jahrhunderts zur Keimzelle der Städtehanse. Mit dem nicht von ungefähr in Stralsund am 24. Mai 1370 geschlossenen Frieden – nach den erfolgreichen Waffenauseinandersetzungen mit dem Dänenkönig Waldemar Atterdag – erreichte der Städtebund den Höhepunkt seiner politischen Stärke. Die Hanse erhielt sogar ein Mitspracherecht bei der Inthronisierung der dänischen Könige. Der Landesherr befreite Stralsund, das auch über die Münzgerechtigkeit verfügte, überdies von der fürstlichen Gerichtsbarkeit – die Stadt war nunmehr weitgehend autonom. Der Fernhandel mit dänischen, flandrischen, englischen und russischen Partnern blühte. Bis zu 300 Schiffe waren in Stralsund beheimatet. Sogar Seide wurde aus China und der Mongolei importiert. 1428 werden 21 Werftplätze erwähnt, auf denen vor allem Koggen, die hochbordigen Lastschiffe der Hansen, gebaut wurden. Die 1488 gegründete »Schiffercompagnie« besteht bis heute.

Erhaltene Zeugnisse des Reichtums der Stadt im Mittelalter sind beispielsweise Teile des Rathauses, so der Anbau mit der Prachtfassade, gotische Bürgerbauten wie das Wulflamhaus am Markt, die Stadtwaage sowie die überreiche Ausstattung von St. Nikolai. Eine Besonderheit ist auch das Gebäude in der Schillstraße an der Stadtmauer, das 1300/10 im Auftrag der Familie von der Osten entstanden ist – es ist einer der wenigen erhaltenen Adelssitze aus Stein dieser Zeit. Bereits im Jahre 1332 wird erstmals eine Gaststätte in der heutigen Fährstraße Nr. 17

the town's features but rather the Hanseatic League: Stralsund becoming one of its most powerful and richest members. As early as 1265 Stralsund had signed a contract with Demmin, and later also with Anklam, to support one another's trade interests. Towards the end of the 13th century, the "Wendish Quarter", headed by Lübeck and Stralsund, became the nucleus of the Hanseatic League. With the signing of a peace agreement - not by accident in Stralsund on 24 May 1370 - following the successful armed struggle against Waldemar Atterdag, the King of Denmark, the league reached the peak of its political strength. The Hanseatic League was even given a say in the enthronement of Danish kings. Denmark relinquished imperial jurisdiction over Stralsund and, since it already possessed the prerogative of minting coinage, the town became more or less autonomous. International trade with Danish, Flemish, English and Russian partners flourished. Up to 300 ships had their home in Stralsund. Even silk was imported from China and Mongolia. In 1428, 21 ship-building berths were recorded, where mainly deep-hulled Hanse freighters, the so-called cogs, were built. The "Schiffercompagnie", founded in 1488, exists to this day.

Preserved evidence of the town's wealth during the Middle Ages includes, for example, parts of the town hall, such as the extension with its splendid façade, Gothic style merchants' houses, such as the Wulflamhaus in the market square, the town scales, and the rich interior of the Nikolaikirche (Church of St. Nicholas). Also of particular note is the building in Schillstraße by the town wall commissioned by the von der Osten family in 1300/10: it is one of the few preserved nobleman's

Stralsund comptait parmi les membres les plus puissants et les plus riches. Dès 1265 Stralsund conclut avec Demmin, et plus tard aussi avec Anklam, un traité de soutien mutuel des intérêts commerciaux. Ce regroupement de peuples slaves, les Wendes, avec Lübeck et Stralsund en tête, devint à la fin du XIIIème siècle l'embryon de la Hanse. Cette alliance de villes atteignit l'apogée de sa puissance politique avec la paix qui ne fut pas conclut par hasard à Stralsund le 24 mai 1370 – après les conflits armés couronnés de succès avec le Roi du Danemark Waldemar Atterdag. La Hanse obtint même un droit d'intervention lors de l'intronisation des rois danois. Le souverain libéra en outre Stralsund de la juridiction du prince – et celle-ci disposa aussi de la loi monétaire – la ville était désormais amplement autonome. Le commerce extérieur avec les partenaires danois, flamands, anglais et russes florissait. Stralsund était le port d'attache de presque 300 bateaux. On importait même de la soie de Chine et de Mongolie. En 1428, on mentionne vingt et un chantiers navals, où étaient construits surtout des « Koggen », péniches hanséatiques à hauts bords. La « Schiffercompagnie » fondée en 1488 existe encore aujourd'hui. Certaines parties de l'Hôtel de Ville, comme la façade somptueuse, des maisons bourgeoises gothiques telles que la Wulflamhaus, Place du Marché, la bascule de la ville, ainsi que la très riche décoration de l'église Saint Nicolas sont des témoins de la richesse de la ville au Moyen-Age.

Un édifice de la Schillstrasse le long de l'enceinte de la ville est aussi une curiosité, sa construction fut commandée en 1300/1310 par la famille von der Osten – c'est l'une des rares demeures nobles en pierre de cette époque actuellement conservées. Dès 1332 on cite pour la première fois une

erwähnt. Dank ihrer bis heute fortbestehenden Tradition gilt sie als die älteste deutsche Kneipe. Der Reichtum der Stadt ist auch die Grundlage für die Ausstattung der zahlreichen Klöster und Spitäler in Stralsunds Mauern. Mit dem Niedergang der Hanse und der Verlagerung des Handels nach Westen verlor Stralsund an Bedeutung, aber es blieb doch eine einflussreiche Stadt.

Für das Selbstbewusstsein Stralsunds ist die erfolglose Belagerung durch Wallenstein von Mai bis Juli 1628 von besonderer Bedeutung. Sein Abzug wird alljährlich mit einem großen Volksfest gefeiert. Bürgermeister Lambert Steinwich schloss damals mit Schweden einen Allianzvertrag.

Auch Dänemark lieh den Stralsundern in der Auseinandersetzung mit Wallenstein sein Schwert – 1715 bis 1720 wurde Stralsund sogar von Kopenhagen aus regiert. Nach dem Ende des Nordischen Krieges (1720) wurde Stralsund Regierungssitz der Schweden. 1815 zogen als Folge des Wiener Kongresses die Preußen in die Stadt ein. Stralsund wurde zum Verwaltungssitz von Neuvorpommern – dem späteren, bis 1932 bestehenden Regierungsbezirk Stralsund.

Namentlich nach dem Eisenbahnanschluss von 1863 erlebte Stralsund einen gewerblichen Aufschwung. Es wurde zum wichtigen Hafen für den Getreideexport. Vom Aufschwung im Kaiserreich zeugen auch heute noch schöne Villen – in der Sarnowstraße und am Knieperdamm – sowie eindrucksvolle Backsteinbauten, beispielsweise Speicher auf der Hafeninsel, das Hansa-Gymnasium am Fährwall oder die Hauptpost am Neuen Markt. Ab 1913 entstand das Theater am Olof-Palme-Platz. 1875 ließ die Loge »Sundia

stone built residences from that time. As early as 1332 an inn is mentioned in what is today No. 17 Fährstraße which has sur vived to become what is believed to be the oldest German pub. The town's wealth is also reflected in the interiors of monasteries and hospitals within the town wall of Stralsund. With the re-direction of trade to the west and the decline of the Hanseatic League, Stralsund's importance was reduced but it remained an influential town nonetheless.

The failure of Wallenstein's siege of the town between May and July 1628 was of particular significance for the self-assertion of Stralsund. His retreat is celebrated each year with a large folk festival. Lambert Steinwich, the mayor at the time of the siege, signed a contract of alliance with Sweden.

The Danes also loaned their sword to the people of Stralsund during the struggles with Wallenstein and, from 1715 to 1720, Stralsund was even governed from Copenhagen. At the end of the Great Northern War (1720), Stralsund became the seat of the Swedish government. In 1815, under the terms of the Congress of Vienna, the town passed to Prussia. Stralsund became the administrative centre of Neuvorpommern, which later, until 1932, became the Stralsund Region.

Stralsund experienced an economic boom after it had been linked to the railway system in 1863. It became an important harbour for grain exports. This upswing in its fortunes during imperial times is documented to this day by beautiful villas in Sarnowstraße and at Knieperdamm, by impressive brick buildings, such as the storehouses on the harbour island, by the Hansa-Gymnasium (secondary school) at Fährwall, and the main post office in the

auberge au n° 17 de l'actuelle Fährstrasse. Grâce à sa tradition qui s'est perpétuée jusqu'à nos jours, elle est considérée comme le plus vieux « bistrot » allemand. C'est aussi la richesse de la ville qui a permis l'aménagement de nombreux couvents et hospices dans l'enceinte de Stralsund. Avec le déclin de la Hanse et le déplacement du commerce vers l'Ouest, Stralsund perdit de son importance, mais resta quand même une ville très influente.

Le siège avorté de Stralsund, tenté par Wallenstein de mai à juillet 1628 est particulièrement important pour la ville et le sentiment de sa valeur. La retraite de Wallenstein est célébrée chaque année lors d'une grande fête populaire. Le bourgmestre Lambert Steinwich conclut à cette époque une alliance avec la Suède.

Lors du conflit avec Wallenstein, le Danemark prêta aussi main forte aux habitants de Stralsund – de 1715 à 1720 Stralsund fut même gouvernée à partir de Copenhague. A la fin des conflits scandinaves (1720) Stralsund devint siège du gouvernement de Suède. En 1815 – conséquence du Congrès de Vienne – les Prussiens investirent la ville. Stralsund devint siège de l'administration de la nouvelle Poméranie Occidentale, future circonscription administrative de Stralsund qui exista jusqu'en 1932.

C'est notamment après son raccordement ferroviaire de 1863 que Stralsund vécut son essor industriel. Elle devint un port important pour l'exportation des céréales. De son développement pendant l'empire témoignent aussi, de nos jours encore, de belles villas – dans la Sarnowstrasse et au long du Knieperdamm – de même que d'impressionnants édifices en brique, comme par exemple les greniers sur le port, le lycée de la Hanse au bord du Fährwall ou la poste principale sur le

zur Wahrheit« im Bielkenhagen ihr in der Schinkelnachfolge stehendes Haus errichten. Nicht vergessen werden darf das 1903 gebaute Warenhaus in der Ossenreyerstraße. Schließlich stand hier die Wiege des Wertheim-Konzerns. 1902 eröffnete Leonhard Tietz ein großes Kaufhaus in der Ossenreyerstraße Nr. 19. Es ist das Stammhaus des von Tietz-Warenhaus zunächst in Westdeutsche Kaufhof AG umbenannten Konzerns (ab 1953 nur noch Kaufhof).

Baugenossenschaften ließen 1926 bis 1941 die in der Regel in Backstein ausgeführten Zwei- und Dreigeschosser um vier Innenhöfe errichten. Ein bemerkenswerter Bau der 1930er-Jahre ist das Marinelazarett (Klinikum am Sund) in der Großen Parower Straße. Der backsteinverkleidete Bau wurde1936/38 nach Plänen des Berliner Architekten Stieler errichtet. Weit bekannter ist jedoch der Rügendamm, der 1936 fertig gestellt wurde.

Schwere Schäden hat der alliierte Luftangriff vom 6. Oktober 1944 in der Stadt angerichtet, bei dem 800 Wohnungen vernichtet wurden.

Die Nachkriegszeit hat Stralsund die Volkswerft beschert, die ab 1948 entstand. Erstmalig in Deutschland wurden hier fließbandartig Fischereifahrzeuge gebaut, immerhin 1400 bis zum Jahr der Wende. Parallel entstanden die großen Neubaugebiete, während die Altstadt zerfiel – 570 abgebrochene Häuser zählt die Statistik während der DDR-Zeit. Unter kräftiger Mitwirkung der Stralsunder widmen sich Kommune und Privatleute mit Fördergeldern aus verschiedenen Töpfen im wiedervereinigten Deutschland der Rettung der immer noch beeindruckenden Substanz – angesichts der Größe der Aufgabe eine Herkulesarbeit. Wichtige Bröt-

Neuer Markt. In 1913 building started on the theatre at Olof-Palme-Platz. In 1875, the Lodge commissioned a house in the style of the architect Schinkel to be built in Bielkenhagen and named "Sundia zur Wahrheit". The department store in Ossenreyerstraße dating from 1903 should not be omitted here, as this was the cradle of the famous Wertheim Group. In 1902 Leonhard Tietz opened a large store at No. 19 Ossenreyerstraße which is the parent branch of Tietz-Warenhaus, a company later re-named Westdeutsche Kaufhof AG and, in 1953, simply Kaufhof.

Between 1926 and 1941, housing associations commissioned two and three-storey mainly brick buildings to be erect ed around four courtyards. Particularly worthy of note is the "Klinikum am Sund", a naval hospital from the 1930s in Große Parower Straße. The brick-faced construction was designed by the Berlin architect Stieler in 1936/38. Much more widely known, however, is the Rügendamm bridge, completed in 1936.

The allied air raid of 6 October 1944 caused much damage in the town includ ing the destruction of 800 residences.

In post-war times Stralsund acquired its shipyard, the Volkswerft, on which construction began in 1948. Here, fishing vessels were built on a conveyor-type system for the first time in Germany - 1400 in all, up to the time of reunification. In conjunction with this development, large new housing estates were built while the old town deteriorated - 570 run-down houses were listed in statistics kept during GDR times. With the active participation of the people of Stralsund and with funding from various sources, the local authority together with certain private individuals embarked on an attempt to rescue these

Neuen Markt. A partir de 1913 s'éleva le théâtre sur la place Olof Palme. En 1875 la loge « Sundia zur Wahrheit » fit construire sa maison dans l'esprit Schinkel dans le Bielkenhagen Il ne faut pas oublier le grand magasin construit en 1903 dans la Ossenreyerstrasse. Finalement c'est ici que se trouvait le berceau du groupe Wertheim. En 1902 Leonard Tietz ouvrit un grand magasin au n° 19 de l'Ossenreyerstrasse. C'est la maison-mère du groupe, appelé « Tietz -Warenhaus » initialement et débaptisé en « SA Westdeutsche Kaufhof » [qui n'est plus depuis 1953 que simple Kaufhof (grand magasin)].

Des coopératives de construction firent bâtir de 1926 à 1941 des maisons de deux et trois étages autour de quatre cours intérieures, exécutées en règle générale en brique. Une construction remarquable des années 1930 est l'hôpital de la Marine (Klinikum am Sund) dans la rue Grossen Parower Strasse. L'édifice recouvert de briques fut réalisé en 1936/1938 d'après les plans de l'architecte berlinois Stieler. Mais, encore plus connu , le Rügendamm (digue de Rügen) fut terminé en 1936.

L'attaque aérienne des Alliés, le 6 octobre 1944, causa de lourds dommages dans la ville, où 800 habitations furent détruites.

L'époque d'après guerre offrit à Stralsund le chantier naval « populaire » est-allemand qui prit naissance en 1948.

Sans précédent en Allemagne on construisit ici, à la chaîne, des bateaux de pêche, au moins 14000 jusqu'à la réunification.

Parallèlement apparurent les quartiers d'immeubles neufs tandis que la vieille ville tombait en ruine. Les statistiques comptent, pendant l'époque de la République Démocratique Allemande, 570 maisons démolies. Avec le solide concours des habitants de Stralsund, commune et

chengeber der Stadt sind heute neben der technisch hoch aufgerüsteten Volkswerft die 1991 auf dem Gelände der einstigen Offiziershochschule der Volksmarine angesiedelte Fachhochschule, die Marinetechnikschule in Parow sowie die Bundesversicherungsanstalt für Angestellte. Nicht zu vergessen der Fremdenverkehr. Die bemerkenswerten Sammlungen des 1858 als Provinzialmuseum für Neuvorpommern und Rügen gegründeten Kulturhistorischen Museums, das seit 1924 Teile des Katharinenklosters nutzt, sowie seine Außenstellen, das zum Stadtarchiv gehörende Johanniskloster mit Barockbibliothek und Räucherboden, der Dänholm und ganz besonders das in unserem Land einzigartige, ab 1951 als Naturkundemuseum entstandene Deutsche Museum für Meereskunde und Fischerei gehören zu den Attraktionen, mit denen die Sundstadt neben den Reizen ihres Stadtbildes, den Kirchen, dem Hafen alljährlich zahlreiche Besucher anzieht.

Folgende Seite:
Die Lage am Strelasund zeichnet die alte Hansestadt aus. Vom Turm der Marienkirche lässt sich das Häusermeer mit der Nikolaikirche (links) und der Jakobikirche gut überblicken.

impressive buildings after reunification - in view of the massive challenge a truly Herculean task. Today, apart from the state-of-the-art shipyard, the main providers of employment in the town are the University of Applied Science, located since 1991 on the site of the former naval offi cers' academy of the GDR, a marine technology school in Parow, and the administrative offices of the Federal Health Insurance Scheme for Employees. And last but not least, tourism. Amongst the attractions that the many tourists visiting the town on the Strelasund every year can enjoy are not only the townscape, the churches and the harbour, but also include: the famous collections housed in the Museum of Cultural History, founded in 1858 as a provincial museum for Neuvorpommern and Rügen, which has occupied parts of the Katharinenkloster (St. Katharine's Monastery) since 1924; the Johanniskloster (St. John's Monastery), part of the Town Archives, with its Baroque library and "Räucherboden" (attic living quarters without chimneys); the Dänholm Museum; and, especially, the Museum of Marine Life and Fisheries which was founded in 1951 as a natural history museum and is unique in Germany.

Next page:
The most remarkable feature of the old Hanseatic town is its location on the Strelasund. From the tower of Marienkirche there is a fine view over the rooftops to Nikolaikirche (left) and Jakobikirche.

particuliers se consacrent, à l'aide de subventions de sources diverses dans l'Allemagne réunifiée au sauvetage de ce capital, qui reste toujours impressionnant – étant donné l'étendue de la tâche, un travail d'Hercule.
Parmi les employeurs de la ville, on note aujourd'hui, à coté du chantier naval techniquement hautement rééquipé, la Fachhochschule établie en 1981 sur le terrain de l'ancienne Ecole Supérieure des Officiers de la Marine Populaire, le centre de formation de la Marine de Parow, de même que le bureau fédéral de la Sécurité Sociale des employés – et il ne faut pas oublier le tourisme.
Dans les curiosités par lesquelles la ville, à côté des charmes de son image, de ses églises et de son port, attire chaque année d'innombrables visiteurs, figurent les remarquables collections du Musée de l'Histoire de la Civilisation fondé en 1858 comme musée provincial de la Nouvelle Poméranie Occidentale et de Rügen, qui utilise depuis 1924 des parties du Katharinenkloster (Couvent Sainte Catherine), ainsi que ses parties extérieures, le Johanniskloster (Couvent Saint Jean) qui fait partie des archives municipales, avec sa bibliothèque baroque et sa saurisserie, Dänholm et tout particulièrement le Musée Allemand de l'Océanographie et de la Pêche, unique dans notre pays, et créé en 1951 comme Musée d'Histoire Naturelle.

Page prochaine :
C'est sa situation au bord du Strelasund (détroit de Strela) qui met en valeur la vieille ville hanséatique. Du clocher de l'église Notre Dame, on a une belle vue d'ensemble sur l'océan de maisons avec l'église Saint Nicolas à gauche et l'église Saint Jacques.

Der Hafen und die reichen Heringsgründe bildeten die Grundlage des mittelalterlichen Reichtums. Maritimes Flair lockt auch heute viele Besucher an die Wasserkante.

The harbour and rich fishing grounds formed the basis for its medieval wealth. The maritime flair attracts many visitors to the waterfront to this day.

Le port de Stralsund et les fonds marins riches en harengs furent à l'origine de sa fortune au Moyen-Age. Son atmosphère de bord de mer attire aussi aujourd'hui de nombreux visiteurs.

In den 1930er-/40er-Jahren wurden große Getreidesilos am Hafen errichtet. Im Untergeschoss des Backsteinbaus wirbt das »Fischermann's« um Gäste. Auch Fischerkähne haben hier Liegeplätze.

During the 1930s/40s huge grain silos were erected by the harbour. The "Fischermann's" restaurant is located in the basement of the brick building. Fishing boats are berthed at the quayside.

Dans les années 1930/1940 on construisit sur le port de grands silos à céréales. Au rez-de-chaussée de cet édifice en brique, le « Fischermann's » attire les clients. C'est ici que les barques des pêcheurs ont leur mouillage.

Vor dem Bau der Rügendammbrücke mussten Rügenbesucher die Fähren nutzen. Der erste Inselort Altefähr ist heute ein Naherholungsort, der vom Hafen aus per Passagierschiff erreicht werden kann. Nur auf dem Wasserweg sind von hier aus Reisen in Richtung Hiddensee möglich.

Prior to the building of the Rügendamm bridge visitors to Rügen had to take the ferry. Altefähr, the first village on the island, is a weekend resort these days and can still be reached by passenger boat from the harbour. Trips to Hiddensee are possible only by water.

Avant la construction de la digue reliant Rügen au continent les visiteurs de Rügen devaient utiliser les bacs. La première île Altefähr est de nos jours un lieu de détente proche que l'on peut atteindre en bateau à partir du port. Et d'ici les voyages en direction d'Hiddensee ne sont possibles que par la mer.

Unbedingt zu empfehlen ist eine Rundfahrt auf dem Strelasund. Der Ausflug bietet auch die Möglichkeit, die Insel Dänholm von der Wasserseite kennen zu lernen.

A round trip on the Strelasund is a must. This trip offers the opportunity to see the island of Dänholm from the sound.

Il est absolument recommandé de faire une promenade en bateau sur le Strelasund (détroit de Strela). L'excursion offre aussi la possibilité de découvrir l'île de Dänholm à partir de la mer.

Der um 1860 entstandene neugotische Bau des Hafenamtes direkt an der Kaimauer beherbergt auch das Seemannsamt des Landes. Daneben liegt das Boot der Deutschen Gesellschaft zur Rettung Schiffbrüchiger vor Anker.

The neo-Gothic structure by the quayside housing the harbour authority dates from 1860; it also accommodates the state shipping board. Next to it the life boat of the German marine rescue service is moored.

Le bureau du port de style néo-gothique, construit vers 1860 directement sur le quai, abrite également le bureau d'inscription maritime du Land. Ancré tout à côté se trouve le bateau de la Société Allemande de Sauvetage aux Naufragés.

Die »Gorch Fock« ist einer der Hingucker im Stralsunder Hafen. Das 1933 bei Blohm & Voss gebaute Segelschulschiff fuhr seit 1951 unter sowjetischer und nach dem Ende der UdSSR unter ukrainischer Flagge und hieß nun »Towarischtsch«, zu Deutsch »Kamerad«. 2003 kam das Schiff nach Stralsund und bekam den Namen »Gorch Fock« zurück.

The "Gorch Fock" is one of the eye-catchers in Stralsund harbour. The sail train ing ship was built in 1933 at the Blohm & Voss shipyard and sailed under the Soviet flag from 1951 until the dissolution of the USSR after which it was transferred to the Ukrainian flag and named "Tovarishch" (Comrade). In 2003 the ship returned to Stralsund and got back its original name "Gorch Fock".

Le «Gorch Fock» est l'une des curiosités du port de Stralsund qu'il faut regarder de près. Ce voilier-école, construit chez Blohm et Voss à Hambourg en 1933, vogua après 1951 sous pavillon soviétique puis ukrainien à la fin de l'URSS, il s'appelait alors «Towarischtsch», en allemand «camarade». En 2003 le voilier revint à Stralsund et reprit le nom de «Gorch Fock».

Ein bisschen Kitsch gehört zum Leben. Statt eines Störtebeker steht ein »Seewolf« vor der Gaststätte »Der Seewolf« im Hafenviertel.

A little bit of kitsch is part of life. A pirate, or »Seewolf«, stands in front of the »Der Seewolf« restaurant in the harbour area.

Dans la vie il faut un peu de kitsch. Devant l'auberge «Au loup de mer» dans le quartier du port, il y a un «loup de mer» au lieu d'un «Störtebeker» (le plus connu des pirates allemands).

Viele Brücken, auch neue wie in unserem Bild, führen vom Hafenareal zurück in die Altstadt. Das Backsteinhaus in der Mitte des Bildes stammt von 1898 und beherbergt das Lokal »Der Seewolf«.

Many bridges, including new ones such as the one above, connect the harbour to the old town. The brick building in the centre dates from 1898 and houses the »Der Seewolf« restaurant.

De nombreux ponts, de nouveaux également comme sur notre photo, nous ramènent de la zone portuaire jusque dans la vieille ville. La maison de brique située au milieu de la photo date de 1898 et abrite le café «Au loup de mer».

Der Historismus hinterließ ansehenswerte Spuren in Stralsund. Der Bauschmuck des Hauses Am Fischmarkt Nr. 4 ist ein schönes Beispiel.

Well worth seeing are the traces of historicism in Stralsund. The adornment on house No. 4 Am Fischmarkt is a beautiful example.

L'Histoire a laissé des traces prestigieuses à Stralsund. Les ornements architecturaux de la maison au n° 4 am Fischmarkt (sur la place du marché aux poissons)en sont un bel exemple.

In Norddeutschland heißt der Drachentöter Georg auch Jürgen. Auf diesem Relief von 1743 am ehemaligen Hospital »Kleines St. Jürgen Kloster« ist er mit schimmernder Rüstung und barocker Lockenpracht dargestellt.

In northern Germany, George the dragon slayer is also called Jürgen. In this relief dating from 1743 on the former »Kleines St. Jürgen Kloster« hospital he is depicted wearing shining armour and with an abundance of Baroque curls.

En Allemagne du Nord, Georges qui terrassa le dragon porte aussi le nom de Jürgen. Sur ce relief de 1743 de l'ancien hôpital «Petit monastère Saint Jürgen», il est représenté portant une armure éclatante et de superbes boucles dans le style baroque.

Die schwedische Kommandantur am Alten Markt wurde 1748/50 erbaut. Ein Hingucker ist das vom schwedischen Löwen und pommerschen Greif gehaltene Stadtwappen mit dem Pfeil, eine nach der Wende erstellte Kopie. Strela bedeutet so viel wie Pfeil. Das Wappen in dieser Form wurde Stralsund 1720 vom Schwedenkönig verliehen.

The Swedish military headquarters building in the Alter Markt was built in 1748/50. The coat of arms with its arrow, supported by the Swedish lion and the Pomeranian griffin, is an eye-catcher, and was presented to Stralsund in 1720 by the King of Sweden. This one is a copy made after reunification. Strela means arrow.

En 1748/1750 fut construite am Alten Markt (Place du vieux marché) l'immeuble de l'Etat-Major suédois. Il faut aller jeter un coup d'œil sur les armes de la ville ornées d'une flèche et que soutiennent le «lion suédois» et le «griffon de Poméranie», il s'agit d'une copie élaborée après la réunification. Autant dire que Strela est une flèche. C'est le Roi de Suède qui attribua à Stralsund en 1720 ses armoiries sous cette forme.

Der Alte Markt ist die gute Stube der Altstadt, schöne Tage können Besucher im Freien genießen.

Alter Markt is the showpiece of the old part of town. Visitors can enjoy the day sitting outside.

Le Vieux Marché est la bonne adresse de la vieille ville, les visiteurs peuvent y goûter le plaisir de belles journées en plein air.

Das nach seinem Bauherrn, dem Ratsherrn und späteren Bürgermeister Bertram Wulflam, benannte Gebäude wurde um 1350 errichtet. 1927/28 erhielt das untere Geschoss seine heutige Gestalt.

This building named after its client, the councillor and later mayor Bertram Wulflam, dates from around 1350. The lower floor received its present design between 1927 and 1928.

Vers 1850 fut construit cet édifice que l'on baptisa du nom de son maître d'œuvre, le conseiller, plus tard bourgmestre, Bertram Wulflam. C'est en 1927/1928 que l'étage inférieur reçut sa forme actuelle.

Die Bebauung am Alten Markt stammt aus mehreren Jahrhunderten. Ganz links ist der Artushof von 1911 zu sehen, die Fassade des Gebäudes neben dem Wulflamhaus stammt aus dem 17. Jahrhundert, das Haus Ecke Knieperstraße ist von 1930, um nur einige Beispiele zu nennen.

The buildings around the Alter Markt are from various centuries. On the far left is the Artushof from 1911, the facade of the building next to the Wulflamhaus goes back to the 17th century and the house on the corner of Knieperstraße is from 1930, to give but a few examples.

Les constructions Am Alten Markt (place du vieux marché) datent de siècles différents. Pour ne citer que quelques exemples, on peut voir tout à fait à gauche l'Artushof de 1991, la façade de l'immeuble voisin de la Wulflamhaus date du XVIIème siècle, la maison au coin de la rue Knieper est de 1930.

Die Schauwand des in wesentlichen Teilen aus dem 14. Jahrhundert stammenden Rathauses und die monumentale Nikolaikirche gehören zu Recht zu den beliebtesten Stralsunder Fotomotiven. Sie dokumentieren den mittelalterlichen Reichtum des städtischen Bürgertums.

The showpiece frontage of the town hall dating mainly from the 14th century and the monumental Nikolaikirche are naturally one of the most popular shots taken of Stralsund. They document the medieval wealth of the urban bourgeoisie at the time.

La façade de l'Hôtel de Ville qui date pour l'essentiel du XIVème siècle et la monumentale église Saint Nicolas font partie, à juste titre, des sujets de photos de Stralsund les plus recherchés. Elles attestent de la richesse de la bourgeoisie de la ville au Moyen-Age.

Eine barocke Tür mit viel Akanthusschnitzwerk verschließt das Westportal, das der Besucher vom Rathaus aus erreicht. Oben ist Nikolaus mit dem Bischofstab zu sehen.

A Baroque doorway with much acanthus carving adorns the western portal and faces visitors coming from the town hall. Above is St. Nicholas with his bishop's crosier.

Une porte de style baroque avec des sculptures sur bois d'acanthe ferme le portail Ouest, emprunté par le visiteur qui sort de l'Hôtel de Ville. En haut, on peut voir Saint Nicolas avec sa crosse d'évêque.

Der mittelalterliche Mauerring war etwa 3000 Meter lang und durchschnittlich bis zehn Meter hoch. Mehr als ein Drittel der Mauer blieb erhalten. 1446 wurde das Kütertor, das zu den weißen Brücken führt, errichtet.

The encircling medieval town wall extended for approximately 3000 metres and had an average height of around 10 metres. More than a third of the wall is preserved. The Kütertor leading to the white bridges was built in 1446.

Le mur d'enceinte médiéval était long d'environ 3000 mètres et atteignait en moyenne dix mètres de hauteur. Plus d'un tiers du mur est resté intact. En 1446 fut construite la Kütertor (porte de Küter) qui mène aux ponts blancs.

Im Hause Fährstraße Nr. 23 (rechts) wurde der Chemiker Carl Wilhelm Scheele, der Entdecker des Sauerstoffs, geboren. Es ist mit dem Nachbarhaus Nr. 24 verbunden. Das Äußere wird in hohem Maße durch Veränderungen des 17. Jahrhunderts bestimmt.

The chemist Carl Wilhelm Scheele, discoverer of oxygen, was born in No. 23 Fährstraße (right). It is connected to the neighbouring house, No. 24. The façade largely reflects modifications made during the 17th century.

Dans la maison au n° 23 de la Fährstrasse (à droite) est né le chimiste Carl Wilhelm Scheele, qui découvrit l'oxygène. On peut associer cette maison à la maison voisine au n° 24. L'extérieur en est déterminé dans une large mesure par des transformations du XVIIème siècle.

Das Kniepertor wurde im 14. Jahrhundert errichtet und 1967/68 zu Wohnzwecken ausgebaut. Von den einst sechs Sund- und den vier Landtoren blieb sonst nur noch das Kütertor erhalten.

The Kniepertor dates back to the 14th century and was converted in 1967/68 to accommodate living quarters. Of the original six gates leading to the Strelasund and the four on the landward side, only it and the Kütertor remain.

La Kniepertor (porte de Knieper) fut construite au XIVème siècle et aménagée en 1967/1968 afin d'être habitée. Des six portes donnant autrefois sur le détroit et des quatre vers la terre, il ne reste en état que la Kütertor.

Die Häuser Kniepersstraße Nr. 8 und Nr. 9 bilden ein schönes Ensemble. Nr. 9 war früher ein Hospital und wurde 1743 errichtet. Der Fachwerkbau Nr. 8 wurde nach der Wende anspruchsvoll restauriert.

Houses Nos. 8 and 9 Knieperstraße form a beautiful ensemble. No. 9 used to be a hospital and was built in 1743. The half-timbered house, No. 8, was renovated after reunification with no expense spared.

Les maisons aux n° 8 et 9 de la Knieperstrasse forment un bel ensemble. Celle du n° 9, bâtie en 1743, fut un hôpital. La maison à colombages du n° 8 fut restaurée avec soin après la réunification.

Der mittelalterliche Kreuzgang des ehemaligen Franziskanerklosters St. Johannis an der Schillstraße gehört zu den erhaltenen Teilen des 1944 bei einem Bombenangriff zum Teil zerstörten Komplexes.

The medieval cloister of the former Franciscan monastery of St. Johannis in Schillstraße is one of the parts not destroyed in the 1944 bombing raid.

Le cloître médiéval de l'ancien couvent franciscain Saint Jean dans la Schillstrasse fait partie de ce qui resta après le bombardement de 1944.

Schön herausgeputzt wurde der Hof der 1254 gegründeten Niederlassung des Bettelordens. Das Fachwerkhaus stammt aus dem 18. Jahrhundert. Die Stele in der Mitte wurde 1988 zur Erinnerung an die Reichspogromnacht von 1938 am Apollonienmarkt, dort wo sich die jüdische Synagoge befand, aufgestellt und 1991 hierher versetzt. Ein Anziehungspunkt im Kloster ist der Räucherboden mit den kleinen Kammern, die Wohnzwecken dienten.

The courtyard of the mendicant order's residence founded here in 1254 has been beautifully restored. The half-timbered house dates back to the 18th century. The stele in the foreground was erected in 1988 as a reminder of the "Reichspogromnacht" of 1938 in the Apollonienmarkt, where the synagogue was located; the stele was mov ed here in 1991. One of the monastery's attractions is the "Räucherboden"with small cells which served as living quarters.

La cour de l'établissement de l'Ordre Mendiant, construit en 1254, fut coquettement entretenue. La maison à colombages date du XVIIIème siècle. La stèle, au milieu, fut érigée en 1988 en souvenir de la «Nuit de Cristal» de 1938, à l'Apollonienmarkt (Marché d'Apollon), là où se trouve la synagogue juive, et elle fut transférée ici en 1991. La saurisserie avec ses petites pièces, qui servaient de logements, est un des pôles d'attraction du monastère.

Die Jakobikirche ist das dritte große mittelalterliche Gotteshaus der Stadt. Seit der Wende laufen aufwändige Sanierungsarbeiten, um dem Sakralbau seine alte Schönheit zurückzugeben.

Jakobikirche is the town's third large medieval house of worship. Extensive renovation has been carried out since reunification in order to return the church to its former splendour.

L'église St. Jacob est la troisième grande église médiévale de la ville. Depuis la réunification ont lieu de coûteux travaux de rénovation pour rendre à cet édifice sacré son ancienne beauté.

Die Marienkirche gilt als ein spätes Hauptwerk der Backsteingotik und thront förmlich über dem Frankenteich. Mit 99 Metern Länge und einer Mittelschiffhöhe von 32,40 Metern ist sie von gewaltigen Ausmaßen.

Marienkirche is considered to be one of the foremost buildings in the late Gothic brick-built architectural style and towers over the Frankenteich. With a length of 99 metres and an aisle height of 32.4 metres it is of gigantic proportions.

L'église Notre-Dame passe pour une œuvre majeure tardive de l'architecture gothique de briques et trône cérémonieusement au-dessus de l'étang Frankenteich. Longue de 99m. et avec une nef centrale haute de 32,4m, elle a de gigantesques dimensions.

Die 1653 bis 1659 von Friedrich Stellwagen für St. Marien geschaffene Orgel ist eine der bedeutendsten barocken Instrumente in Norddeutschland. Es war das letzte Werk des Meisters.

The organ built by Friedrich Stellwagen between 1653 and 1659 for St. Mary's Church is one of the most significant Baroque instruments in northern Germany. It was the master's last work.

L'orgue, conçue entre 1653 et 1659 par Friedrich Stellwagen pour Notre Dame est l'un des instruments baroques les plus importants de l'Allemagne du Nord. Ce fut la dernière œuvre du maître.

Der gotische Schnitzaltar stammt ursprünglich aus der Kirche zu Deyelsdorf im Kreis Nordvorpommern und zeigt im Zentrum die Marienkrönung.

The carved Gothic altar originally comes from the church at Deyelsdorf in the district of Nordvorpommern and in its centre the crowning of Mary is depicted.

L'autel gothique de bois sculpté vient à l'origine de l'église de Deyelsdorf en Poméranie Occidentale du Nord et montre, au centre, le sacre de Marie.

Jedem Stralsundbesucher bleiben die Teiche vor der Altstadtinsel im Gedächtnis. Auf dem Knieperteich setzt der Springbrunnen zusätzliche Akzente.

Every visitor to Stralsund remembers the ponds in front of the Altstadtinsel. The fountain on Knieperteich is an additional attraction.

Tout visiteur de Stralsund gardera en mémoire les étangs qui entourent la presqu'île abritant la vieille ville. Sur l'étang Knieperteich le jet d'eau apporte une note supplémentaire.

Die weißen Brücken sind der schönste Weg vom Bahnhof über den Jungfernstieg zum Kütertor. Mit ihren Inseln teilen sie den Knieperteich.

The white bridges span Knieperteich and are the pleasantest way to go from the station via Jungfernstieg to Kütertor.

Les ponts blancs sont le plus beau chemin pour se rendre de la gare à la porte Kütertor en passant par le Jungfernstieg. Avec leurs îles ils divisent le Knieperteich.

Das stattliche Gebäude Ecke Katharinenberg/Tribseer Straße wurde 1911 von Paul Holtfreter errichtet. 2600 Quadratmeter Nutzfläche stehen in dem Fünfgeschosser zur Verfügung.

This imposing building on the corner of Katharinenberg and Tribseer Straße was built by Paul Holtfreter in 1911. The five-storey building has 2600 square metres of floor space.

L'imposant édifice qui fait le coin de Katharinenweg et Tribseer Strasse fut construit en 1911 par Paul Holtfreter, avec à disposition sur cinq étages 2600 mètres carré de surface utile.

Der Neue Markt, der zentrale Platz der Neustadt, wird von Bauten der zweiten Hälfte des 19. Jahrhunderts dominiert. Dazu gehört die 1888 errichtete Hauptpost, rechts im Bild.

Neuer Markt, the central square in the new town, is surrounded by buildings from the second half of the 19th century. The main post office (right), dating from 1888, is one of them.

Le Nouveau Marché, place centrale de la Nouvelle Ville, est dominé par des constructions de la seconde moitié du XIXème siècle, dont fait partie la poste centrale, bâtie en 1888, à droite sur la photo.

Das 1903 für die Wertheims errichtete Kaufhaus in der Ossenreyerstraße erinnert an die große Geschichte eines erfolgreichen Handelshauses, das von Stralsund aus seinen Weg antrat. Für den Neubau mussten fünf Giebelhäuser weichen.

The department store built for the Wertheims in Ossenreyerstraße in 1903 reminds us of the distinguished history of a successful firm which spread out from Stralsund. Five gabled houses had to make way for this new building.

Le grand magasin, construit en 1903 pour les Wertheims dans la Ossenreyerstrasse, rappelle la grande histoire d'un commerce florissant qui, partant de Stralsund, fit son chemin. Pour la nouvelle construction, cinq maisons à pignons durent céder la place.

Zu Kaisers Zeiten wurden viele Gebäude an der Hauptgeschäftsstraße durchgreifend verändert oder neu gebaut. So auch die Ossenreyerstraße Nr. 43, laut Inschrift 1890 errichtet.

During imperial times many buildings along the main shopping street were completely re-designed or newly built. One such building is No. 43 Ossenreyerstraße which, according to the inscription, was erected in 1890.

Aux époques impériales de nombreux édifices de la «Hauptgeschäftstraße» (rue commerçante principale) furent radicalement transformés et reconstruits. Il en fut ainsi également au n°43 de la Ossenreyerstrasse, maison construite, d'après l'inscription, en 1890.

Am Anfang der Mühlenstraße, nahe am Alten Markt, stehen viele besonders bemerkenswerte Häuser. So auch das »Gotische Dielenhaus« vom Anfang des 15. Jahrhunderts (Mitte). Den Namen hat das Gebäude von der Diele mit Balkendecke aus der Erbauungszeit.

There are numerous remarkable houses at the beginning of Mühlenstraße, near the Alter Markt. One of them is the »Gotische Dielenhaus« from the beginning of the 15th century (centre). The name of the building refers to its hallway with a beamed ceiling from that time.

A l'entrée de la Mühlenstrasse (rue du moulin), près du Vieux Marché, se trouvent de nombreuses maisons très remarquables. Ainsi la «Gotische Dielenhaus» du début du XVème siècle (au milieu de la photo). La maison tient son nom de son vestibule à solives datant de l'époque de sa construction.

Bei der Rekonstruktion von 1988/90 versuchten die Bauleute, das Haus Badenstraße Nr. 45 teilweise dem spätgotischen Zustand anzupassen. Heutige Betrachter beeindruckt der seinerzeit wiederhergestellte Pfeilergiebel.

During the reconstruction of this house at No. 45 Badenstraße in 1988/90, the building firm attempted to emulate the late Gothic style. For today's visitors the restored pillared and buttressed gable is a particularly impressive sight.

Lors de la reconstruction de 1988/90, les entrepreneurs essayèrent d'adapter en partie au gothique flamboyant la maison du n° 45 de la Badenstrasse. Les actuels admirateurs sont impressionnés par le pignon à trumeaux reconstitué comme à son époque.

Der um 1400 fertig gestellte Remter des Katharinenklosters, der Speisesaal der Mönche, ist einer der größten erhaltenen Klausurräume an der Ostsee.

The monks' refectory of the Monastery of St. Katharine completed around 1400 is one of the largest preserved cloister rooms on the Baltic Sea.

Le réfectoire du couvent de Ste Catherine, salle à manger des moines, terminé vers 1400, est l'une des plus grandes «clôtures» (enceintes réservées aux religieux) conservées au bord de la Mer Baltique.

Im früheren Dominikanerkloster St. Katharinen fand das Kulturhistorische Museum nach 1951 eine angemessene Stätte für die herausragenden Sammlungen. Die Kirche wird vom Meeresmuseum genutzt.

After 1951 the Museum of Cultural History found a fitting domicile for its excellent collections in the former Dominican Monastery of St. Katharine. The church houses the Marine Museum.

Dans l'ancien couvent de dominicains Ste Catherine, le Musée de l'Histoire de la Civilisation trouva, après 1951, un lieu adapté pour ses exceptionnelles collections. L'église est utilisée par le Musée de la Mer.

Das Meeresmuseum ist der Publikumsmagnet in Stralsund, im November 2004 wurde mit 650.000 ein neuer Besucherrekord gemeldet. Im gleichen Jahr wurde für die Meeresschildkröten ein neues großes Aquarium eingeweiht. Die Vielzahl der gezeigten Lebewesen ist beeindruckend. Schon zu DDR-Zeiten wurde beständig in das Meeresmuseum investiert.

The Marine Museum is Stralsund's main visitor attraction. In 2004, 650,000 visitors were registered by November – a new record. The same year a new aquarium for sea turtles was opened. The vast number of creatures on display is impressive. Investment in the Marine Museum has continued since GDR times.

Le Musée de la Mer est l'aimant du public à Stralsund; en Novembre 2004, il battit son record avec 650 000 visiteurs. Un nouveau grand aquarium a été installé pour les tortues marines en même année. La multiplicité des espèces exposées y est impressionnante.
Déjà à l'époque de la République Démocratique Allemande, on investissait constamment dans le Musée de la Mer.

Das Heilgeisthospital bildet mit Kirche und Wohnhäusern ein sehr schön wiederhergestelltes Ensemble. Am Standort Klosterstraße wurde es 1327 neu gegründet.

The Heilgeisthospital (Holy Spirit Hospital) with church and residences is a beautifully restored assemblage. It was founded in Klosterstraße in 1327.

«L'Heilgeisthospital» (Hôpital du Saint-Esprit) forme avec l'église et les maisons d'habitation un ensemble très bien restauré. Il fut fondé en 1327 à cet emplacement de la Klosterstrasse.

Die Inschrift auf der Tafel erzählt, dass »dieses Haus des Heiligen Geistes anno 1628 von der Feinde Geschütz ganz verdorben« und 1647 wieder aufgebaut wurde.

The inscription on the plaque reads that "this house of the Holy Spirit was wholly destroyed by enemy guns in 1628"; it was re-built in 1647.

L'inscription sur la plaque dit que «cette maison du Saint-Esprit fut totalement détériorée en l'an 1628 par les tirs de l'ennemi» et reconstruite en 1647.

An der Sarnowstraße steht das 1909 nach einem Entwurf des Berliners Hans Weddo von Glümer geschaffene Denkmal für Ferdinand von Schill. Der preußische Husarenoffizier fiel 1809 in Stralsund. Er hatte den Aufstand gegen Napoleon gewagt.

This monument to Ferdinand von Schill, built in 1909 to a design by Hans Weddo von Glümer of Berlin, can be found in Sarnowstraße. The Prussian hussar officer was killed in 1809 in Stralsund. He had dared to rise against Napoleon.

Dans la Sarnowstrasse, se dresse le monument en l'honneur de Ferdinand von Schill, officier hussard prussien, qui avait risqué un soulèvement contre Napoléon et était tombé en 1809 à Stralsund, monument réalisé en 1909 par Glümer d'après une esquisse du Berlinois Hans Weddo.

Der 1999 eingeweihte HanseDom galt bei seiner Eröffnung als größtes deutsches Spaßbad. Der Freizeitpark am Grünhufer Bogen bietet eine Vielzahl von Sport-, Wellness- und Fitnessangeboten. Im nahe gelegenen Tierpark an der Barther Straße kommen nicht nur kleine Leute auf ihre Kosten.

The HanseDom was officially opened in 1999 and was then believed to be Germany's biggest pleasure pool. The leisure park at Grünhufer Bogen offers a great variety of sports, health and fitness programmes. In the nearby zoo in Barther Straße young as well as old can have a good time.

Le «HanseDom», inauguré en 1999, fut considéré dès son ouverture comme le plus grand centre aquatique allemand. Le Parc de Loisirs, situé au Grünhufer Bogen offre une multitude d'activités sportives, de wellness et de fitness. Dans le parc zoologique proche, dans la Barther Strasse, il n'y a pas que les petits qui y trouvent leur compte.

In Stralsund, an der Greifswalder Chaussee, ist die letzte vorpommersche Brauerei zu Hause. Hier werden nicht nur schmackhafte Biere und alkoholfreie Getränke produziert, auch ein Braugasthof lädt zur Einkehr ein.

The home of the last West Pomeranian brewery is located on Greifswalder Chaussee in Stralsund. Here, not only tasty beers and non-alcoholic drinks are produced – they can also be sampled by visitors at the Braugasthof.

C'est à Stralsund sur la Greifswalder Chaussee, qu'est installée la dernière brasserie de Poméranie Occidentale. Ici, non seulement on produit des bières délicieuses et des boissons non alcoolisées, mais l'auberge invite à entrer se restaurer.

Nicht nur die Musikgruppe »Die Prinzen« und der Komiker »Otto« sorgten 2000 und 2004 für volle Häuser. Die Brauerei-Hoffeste haben sich zu echten kulturellen Höhepunkten entwickelt.

The band known as »Die Prinzen« and »Otto« the comic ensured full houses in 2000 and again in 2004. The Brauerei-Hoffeste (brewery festivals) have developed into genuine cultural highlights.

Le groupe de musique «Die Prinzen» et le comique «Otto» y ont fait en 2000 et 2004 salles combles. Les «Brauerei-Hoffeste» (Festivals des Brasseurs) sont maintenant au summum des activités culturelles.

Die Insel Dänholm wird auch vom Wasser- und Schifffahrtsamt Stralsund genutzt. Mit der »Darßer Ort« werden Tonnen zur Kennzeichnung der Fahrrinnen gelegt.

The island of Dänholm is used by the Stralsund water and shipping authority. The »Darßer Ort« installs buoys to mark the shipping lanes.

L'île de Dänholm est aussi utilisée par le Bureau des Affaires Maritimes de Stralsund. C'est avec le bateau «Darsser Ort» que l'on pose les flotteurs pour le balisage des chenaux.

Zur Außenstelle des Meeresmuseums gehören auch alte Fischereifahrzeuge und Netze, die auf dem 2,3 Hektar großen früheren Tonnenhof auf der zwischen dem Festland und der Insel Rügen gelegenen Insel einen neuen Platz gefunden haben.

Old fishing boats and nets, amongst other items, have found a new home on the 2.3 hectare former Tonnenhof on the island of Dänholm between the mainland and the island of Rügen. They belong to a branch of the Marine Museum.

Les vieux bateaux de pêche et filets ont trouvé une nouvelle place sur l'ancien entrepôt de fûts de 2,3ha situé sur l'île entre la terre ferme et Rügen. Ils constituent désormais la partie extérieure du Musée de la Mer.

Das Nautineum auf dem Dänholm wurde 1999 eingeweiht. Hier fanden unter anderem auch früher der Meeres- und Fischereiforschung dienende Einrichtungen einen neuen Platz.

The Nautineum on Dänholm was officially opened in 1999. Equipment and facilities used in former times for maritime and fisheries research have found a new home here.

Le «Nautineum» sur l'île de Dänholm fut inauguré en 1999. Il abrita entre autres les installations qui servaient autrefois aux recherches sur la mer et la pêche.

Die Volkswerft hat den Sprung in die Marktwirtschaft geschafft. Sichtbares Zeugnis ist die neue Produktionshalle, deren Gestalter für das Design preisgekrönt wurde. Das Gebäude beherrscht die Silhouette von der Wasserseite.

The Volkswerft shipyard has made the leap to a market economy. Proof of this is to be found in the new production building with its award-winning design. The building dominates the waterfront silhouette.

L'ancien chantier naval est-allemand est entré dans l'économie de marché. Témoin visible en est la nouvelle usine de production, dont l'architecte fut primé pour le design. Le bâtiment impose sa silhouette côté mer.

Das Bild der alten Hansestadt von Altefähr aus hat noch jeden Besucher in den Bann gezogen. Neben den Kirchen beherrschen auch die großen Speicher das Häusermeer.

The view of the old Hanseatic town as seen from Altefähr captivates each and every visitor. Not only the churches but also the large warehouses rise above the many dwellings.

L'image de la vieille ville hanséatique, vue d'Altefähr , a toujours attiré tous les visiteurs sous son charme. A côté des églises, les grands entrepôts dominent aussi l'océan de maisons.